Discover Entdecke Découvrir Irland
Photobook Livre de photos Fotobuch – 319 fotos

Heinz Duthel

Discover Entdecke Découvrir Irland

Photobook Livre de photos Fotobuch – 319 fotos

Bibliografische Information der Deutschen Nationalbibliothek:
Die Deutsche Nationalbibliothek verzeichnet diese Publikation in der Deutschen Nationalbibliografie; detaillierte bibliografische Daten sind im Internet über http://dnb.dnb.de abrufbar.

© 2017 Name des Autors/Rechteinhabers **Heinz Duthel**

Illustration: **Heinz Duthel**
weitere Mitwirkende: **Schriftsteller.club**
weitere Mitwirkende: **globaltraveler.club**

Herstellung und Verlag: BoD – Books on Demand, Norderstedt
ISBN: **9783743127197**

Discover Entdecke Découvrir Irland
Photobook Livre de photos Fotobuch – 319 fotos

Irland, oft auch als Die grüne Insel bezeichnet, ist eine der britischen Inseln. Sie ist Heimat der Republik Irland und der Provinz Nordirland des Vereinigten Königreiches (UK).

Provinzen und Countys

Die Insel ist unterteilt in vier Provinzen und 32 Counties (Grafschaften):

    Leinster im Osten - 12 Counties: Louth, Meath, Dublin, Wicklow, Wexford, Kilkenny, Carlow, Laois, Offaly, Kildare, Westmeath, Longford.
    Munster im Süden - 6 Counties: Clare, Cork, Kerry, Limerick, Tipperary.
    Connacht im Westen - 5 Counties: Galway, Mayo, Sligo, Leitrim, Roscommon
    Die Provinz Ulster ist politisch geteilt, grenzübergreifend mit insgesamt 9 Counties im Norden der Insel - 3 Counties gehören zur Republik: Donegal, Cavan, Monaghan. (Die übrigen 6 Counties bilden das zum Vereinigten Königreich gehörende Nord-Irland.)

Die Reiseregionen Irlands

Regionen Irlands
Ostküste und Midlands
Das irische Herzland mit der Hauptstadt Dublin. Region Dublin
County Kildare · County Laois · County Longford · County Louth · County Meath · County Offaly · County Westmeath · County Wicklow

Shannon (Region)
Der River Shannon ist das längste Gewässer der gesamten Britischen Inseln. Legendär. Ebenso: die ehrfurchteinflößenden Cliffs of Moher.

County Clare · County Limerick · County Tipperary
Südwestirland
Tolle Landschaft, mitunter von Touristen überlaufen. Jedenfalls für irische Verhältnisse. Auf der Straße Ring of Kerry sollte man aber vielleicht wirklich gefahren sein...
County Cork · County Kerry

Westirland
Eine dünn besiedelte Region. Die Stadt Galway ist berühmt für ihr Kulturfestival im Sommer, Ballina im County Mayo für seine Lachse.

County Galway · County Mayo · County Roscommon
Nordwestirland und Lakelands
Eine Region mit relativ geringer Touristenerschließung. Die Berge und Strände lohnen aber den relativ weiten Weg.
County Cavan · County Donegal · County Leitrim · County Monaghan · County Sligo

Südostirland
Für viele Touristen beginnt hier (am Rosslare Europort) der Urlaub. Vielleicht ja mit einem Besuch der Oper in Wexford ?
County Carlow · County Kilkenny · County Waterford · County Wexford
Einreisebestimmungen

Irland ist Vollmitglied der EU. Zur Einreise genügt ein gültiger Reisepass oder Personalausweis, weshalb diese für Bürger der EU, des EWR und der Schweiz deshalb unproblematisch ist. Sie können sich unbegrenzt im Land aufhalten und ohne Erlaubnis einer Arbeit nachgehen. Ebenfalls können einige andere Staatsangehörige bis zu 180 Tage pro Kalenderjahr visumfrei einreisen. Zur Arbeitsaufnahme ist in jedem Falle eine Erlaubnis erforderlich. Viele andere Staatsbürger benötigen ein Visum zur Einreise.

Das Mitbringen von Haustieren ist ebenfalls problemlos. Es gelten nahezu die gleichen Bestimmungen wie bei der Einreise ins Vereinigte Königreich. Die Tiere müssen jedoch geimpft und mit Chip versehen sein.

www.ireland.com/de-de

Back Home in Derry

In 1803 we sailed out to sea
Out from the sweet town of Derry
For Australia bound if we didn't all drown
And the marks of our fetters we carried.
In the rusty iron chains we sighed for our wains
As our good wives we left in sorrow.
As the mainsails unfurled our curses we hurled
On the Engllsh and thoughts of tomorrow.
chorus:
Oh Oh Oh Oh I wish I was back home in Derry.
Oh Oh Oh Oh I wish I was back home in Derry.
I cursed them to hell as our bow fought the swell.
Our ship danced like a moth in the firelights.
White horses rode high as the devil passed by
Taking souls to Hades by twilight.
Five weeks out to sea we were now forty-three
Our comrades we buried each morning.
In our own slime we were lost in a time.
Endless night without dawning.

Van Dieman's land is a hell for a man
To live out his life in slavery.
When the climate is raw and the gun makes the law.
Neither wind nor rain cares for bravery.
Twenty years have gone by and I've ended me bond
And comrades' ghosts are behind me.
A rebel I came and I'll die the same.

On the cold winds of night you will find me
me.
chorus

News and Reviews